50 MULHERES

para se inspirar

Frida Kahlo

Katherine Johnson

Malala Yousafzai

Marta Vieira da Silva

Marie Curie

Ciranda Cultural

Dados Internacionais de Catalogação na Publicação (CIP) de acordo com ISBD

R175c   Ramos, Alice

          50 mulheres para se inspirar / Alice Ramos, Paloma Blanca Alves
     Barbieri ; ilustrado por Ilustralu. - Jandira, SP : Ciranda Cultural, 2021.
     112 p. : il. ; 16cm x 23cm.

     Inclui índice
          ISBN: 978-65-5500-431-1

          1. Literatura infantil. 2. Mulheres inspiradoras. I. Barbieri, Paloma
     Blanca Alves. II. Ilustralu. III. Título

                                        CDD 028.5
2020-1855   CDU 82-93

Elaborado por Odilio Hilario Moreira Junior - CRB-8/9949

Índice para catálogo sistemático:
1. Literatura infantil 028.5
2. Literatura infantil 82-93

© 2021 Ciranda Cultural Editora e Distribuidora Ltda.
Produção: Ciranda Cultural
Texto: Alice Ramos e Paloma Blanca Alves Barbieri
Preparação de texto: Audrya de Oliveira
Revisão: Karina Barbosa dos Santos
Ilustrações: Ilustralu

1ª Edição em 2021
www.cirandacultural.com.br

Este livro é dedicado a todas as
mulheres, fontes eternas
de inspiração.

"O ato mais corajoso é pensar por você mesma. Em voz alta."
Coco Chanel

ARTE

AVIAÇÃO

CIÊNCIAS

EDUCAÇÃO

ESPORTE

POLÍTICA

AGATHA CHRISTIE

1890-1976

Fenômeno dos romances policiais

Agatha Christie foi uma escritora inglesa e um dos principais nomes do romance policial. Desde criança, ela gostava de passar o tempo escrevendo contos e poesias, mas foi apenas aos 27 anos que escreveu sua primeira trama policial, *O misterioso caso de Styles*, tendo como motivação um desafio imposto por sua irmã.

Depois disso, ela passou a escrever muitos outros romances. Porém, apenas em 1926, com 36 anos, ao publicar a obra *O assassinato de Roger Ackroyd*, a escritora se tornou reconhecida mundialmente.

Educada fora da escola por decisão dos pais, Agatha não se prendia às convenções. Além de ter se casado mais de uma vez, o que era incomum na época, fez muitas viagens ao Oriente, cujos cenários serviram de inspiração para suas obras.

Mesmo após sua morte, Agatha continua conquistando leitores de todo o mundo, o que comprova que ela sempre foi uma escritora muito além de seu tempo!

CURIOSIDADES

☆ Entre seus personagens principais, está o detetive Hercule Poirot, quase tão famoso quanto Sherlock Holmes.

☆ Seus romances estão entre os mais traduzidos e publicados no mundo, e muitos deles foram adaptados para o cinema e para a TV.

ANNE FRANK

1929-1945

Jovem escritora

A jovem alemã **Annelies Marie Frank** viveu durante o período que abrangeu a Segunda Guerra Mundial, passando por momentos difíceis. Apesar disso, ela conseguiu encontrar um jeito de se distanciar da tragédia que vivia, relatando em seu diário a rotina de refugiada de guerra.

Anne era judia e, naquela época, o povo judeu era perseguido pelo governo de Adolf Hitler. A menina e sua família conseguiram se abrigar em Amsterdã, capital da Holanda, onde viveram até serem encontrados pelo regime nazista, pouco antes do fim da guerra. As más condições dos campos de concentração causaram a morte de Anne, sua irmã e sua mãe.

O pai de Anne, único sobrevivente da família, encontrou uma maneira de fazer a voz da menina ecoar pelo mundo, publicando o diário da filha em forma de livro – *O Diário de Anne Frank*. Essa triste história ficou conhecida mundialmente e se transformou em peças de teatro e filmes.

Os relatos de Anne são uma comprovação de todos os males que a guerra pode trazer e mostram por que ela deve ser evitada a qualquer custo!

CURIOSIDADES

☆ A casa onde Anne Frank morou em Amsterdã abriga um museu em sua memória.

☆ O esconderijo de Anne e sua família ficava em um anexo secreto na empresa de seu pai.

☆ Anne Frank ganhou seu diário, que na verdade era um livro de autógrafos, no seu aniversário de 13 anos.

ARETHA FRANKLIN

1942-2018

Ícone da música negra

Aretha Franklin foi uma cantora norte-americana, filha de um reverendo e de uma cantora gospel. Como cresceu em um ambiente musical, aos 10 anos, ela passou a cantar na igreja que frequentava e, aos 14, gravou seu primeiro disco gospel.

Ainda assim, Aretha só conquistou a fama em 1967, quando gravou músicas soul e R&B. Entre seus maiores sucessos, está a versão da música *Respect*. Como o próprio nome diz, trata-se de um desabafo e um pedido das mulheres, principalmente as negras, por respeito.

Mesmo vivendo em um período em que o preconceito era eminente, Aretha conquistou seu espaço e, entre várias premiações, ganhou o título de Rainha do Soul e foi a primeira mulher a entrar para o Hall da Fama do Rock.

Obstinada, Aretha conseguiu mostrar, por meio da sua música, que tinha vindo ao mundo para deixar a sua marca. E ela realmente o fez!

CURIOSIDADES

☆ Em 1979, Aretha foi homenageada com uma estrela na Calçada da Fama em Hollywood.

☆ A canção *Respect* foi considerada um hino de liberdade, tornando-se uma importante trilha sonora na luta pelos direitos civis dos negros.

CHIMAMANDA NGOZI ADICHIE

1977

AMERICANAH

Chimamanda Ngozi Adichie

Escritora
e símbolo do feminismo

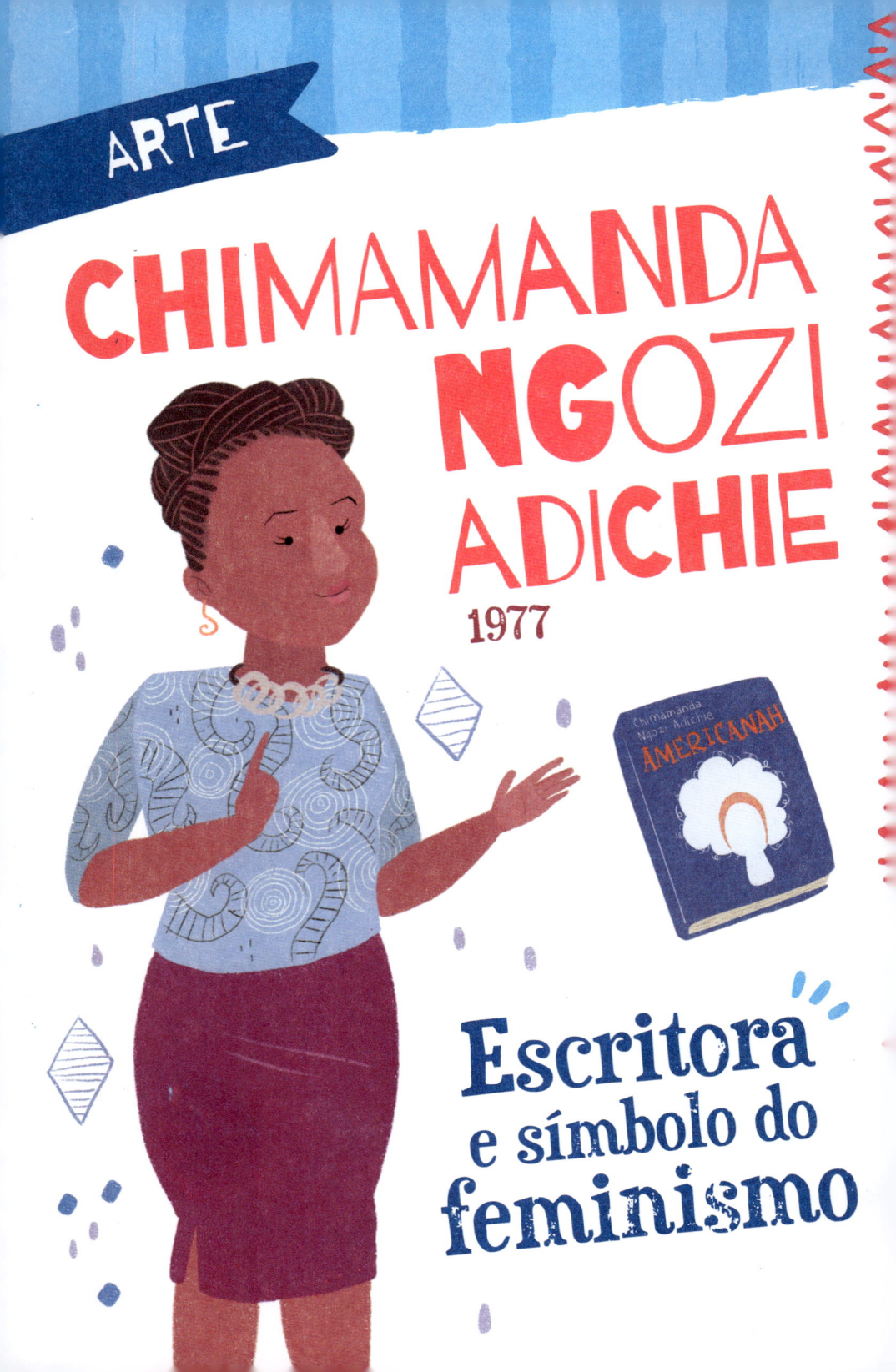

Antes de se tornar escritora, **Chimamanda Ngozi Adichie** cursava Farmácia e Medicina na Universidade da Nigéria, mas queria estudar Comunicação e Ciências Políticas. Aos 19 anos, ganhou uma bolsa de estudos nessas áreas e se mudou para os Estados Unidos.

Apesar dos inúmeros trabalhos publicados como professora doutora e administradora na Universidade da Nigéria, Chimamanda é mundialmente conhecida por seus livros, que possuem forte apelo político e buscam trazer visibilidade às mulheres negras e africanas. Suas obras também abordam temas como racismo e pobreza.

Chimamanda dá muitas palestras sobre esses assuntos, algumas estão disponíveis em plataformas digitais e já foram assistidas em pelo menos 46 línguas diferentes.

A escritora vem se destacando como uma importante voz para o feminismo e outras questões de relevância social.

CURIOSIDADES

☆ O livro *Americanah* foi selecionado pelo jornal *The New York Times* como um dos 10 melhores livros de 2013.

☆ O livro *Meio Sol amarelo* foi adaptado para o cinema e lançado em 2013.

☆ A cantora Beyoncé incluiu uma parte do discurso de Chimamanda na canção *Flawless*.

CLARICE LISPECTOR

1920-1977

Escritora
da epifania

Clarice Lispector foi uma escritora brasileira de origem judia. Quando ainda era criança, saiu da Ucrânia e veio ao Brasil com sua família para fugir da perseguição aos judeus e das péssimas condições decorrentes da Guerra Civil Russa.

Desde muito jovem, ela nutria um grande amor pela literatura, mas foi aos 19 anos que escreveu seu primeiro conto, intitulado *Triunfo*. Nessa mesma época, decidiu cursar Direito, com o objetivo de tentar diminuir as injustiças na vida das pessoas necessitadas.

Depois de formada, Clarice ingressou na carreira literária com o romance *Perto do coração selvagem*. A partir daí, ela publicou várias outras obras, conquistando diversos prêmios, bem como a admiração dos leitores.

Qual o segredo do sucesso da escritora? Tudo indica que é a sua escrita inovadora e intimista, repleta de personagens fortes e questionadores que buscam a descoberta do próprio eu.

CURIOSIDADES

☆ Clarice é considerada uma das principais escritoras brasileiras do século XX e a maior escritora judia depois de Franz Kafka.

☆ Ela atuou como redatora, colunista e tradutora de obras de escritores renomados, como Agatha Christie, Oscar Wilde e Edgar Allan Poe.

COCO
CHANEL

1883-1971

Revolucionária
da moda

Gabrielle Bonheur Chanel foi uma estilista francesa, nascida em uma família de origem humilde. Órfã de mãe, passou sua infância em um orfanato. Ao sair do colégio interno, trabalhou como balconista e cantora em casas de show, onde ganhou o nome Coco.

Coco se voltou de fato para a área da moda quando conseguiu abrir sua primeira loja, uma chapelaria que, rapidamente, expandiu-se. Como frequentava os eventos da alta classe, logo se tornou uma grande especialista em moda e, nos anos 1920, consagrou-se uma designer influente, famosa pelas roupas elegantes que quebravam paradigmas, pois eram inspiradas no guarda-roupa masculino. Entre suas criações, está a calça feminina.

Com seu estilo ousado, Coco construiu um grande império e, até hoje, sua marca é referência em todo o mundo.

Dona de uma personalidade forte, a estilista revolucionou não apenas a moda feminina, como os costumes da época, o que a tornou uma das mulheres mais influentes da história.

CURIOSIDADES

☆ Seu *tailleur* (saia e paletó) ainda é referência no mundo, assim como o famoso "pretinho básico" lançado por ela.

☆ Em 1922, Coco criou o perfume Chanel Nº5, sendo a primeira estilista na história a lançar uma fragrância com seu nome.

EMMA WATSON

1990

Símbolo de sororidade

Emma Watson é uma atriz britânica, formada em Literatura Inglesa e considerada uma das mulheres mais influentes da atualidade. Emma ganhou reconhecimento aos 9 anos, após interpretar a personagem Hermione na famosa saga *Harry Potter*. Desde então, vem se mantendo na indústria cinematográfica.

Além de se destacar no cinema, ela vem chamando a atenção por suas ávidas campanhas em prol da igualdade de gênero e, em seus discursos, sempre enfatiza a necessidade de todos se juntarem a essa luta.

Como resultado de suas ações, aos 24 anos, a atriz se tornou embaixadora da Boa Vontade da ONU. Hoje, aos 30, ela divide seu tempo entre o cinema, suas campanhas ativistas e os estudos.

Emma foi além da personagem que ganhou o mundo, tornando-se um ícone para todas as mulheres que lutam pelo direito de serem vistas como realmente são: iguais!

CURIOSIDADES

☆ Emma espalhou nas estações de Londres 100 exemplares de um livro feminista, *Mom & Me & Mom*, como forma de incentivar a leitura da obra e sua temática.

☆ Em 2009, ela entrou para o *Guinness World Records* como a atriz mais rentável da década, por conta de sua atuação na saga *Harry Potter*.

FRIDA KAHLO

1907-1954

Mulher
de asas

A pintora mexicana **Magdalena Carmen Frida Kahlo y Calderón** revolucionou a arte em seu tempo. Ela retratou muito da cultura de seu país em inúmeros quadros. Durante a infância, Frida contraiu poliomielite, que lhe causou atrofia muscular da perna direita e uma lesão no pé. Aos 18 anos, sofreu um grave acidente e teve a coluna lesionada. Durante a recuperação, foi incentivada pelo pai a pintar.

Ao longo da vida, Frida passou por várias cirurgias, permanecendo longos períodos no hospital. Mesmo nessas ocasiões, continuou pintando, capturando seu sofrimento e sua agonia nas telas.

Anos mais tarde, ela teve de amputar a parte inferior da perna direita, mas, apesar de vivenciar mais esse momento difícil, seguiu expressando seus pensamentos, suas dores e suas paixões por meio da pintura. É atribuída a ela a frase "Pés, para que os quero, se tenho asas para voar?".

Frida Kahlo conseguiu captar a dor real que muitas mulheres de comunidades mexicanas enfrentavam e expressava isso em suas pinturas, dando voz a essas pessoas, que tinham poucos direitos na época.

CURIOSIDADES

☆ A lesão na coluna de Frida a impossibilitava de fazer muitas coisas, por isso, na primeira exposição de suas obras de arte, ela chegou ao evento carregada em uma cama.

☆ A casa em que Frida cresceu, conhecida como Casa Azul, transformou-se em um museu quatro anos após a morte da artista.

HELEN KELLER

1880-1968

Escritora
da superação

Helen Keller foi uma escritora norte-americana. Com menos de 2 anos, contraiu uma grave doença que a deixou cega e surda e, até os 6, tinha uma comunicação limitada. Então, para melhorar seu desenvolvimento, passou a estudar com uma professora que, assim como ela, era deficiente visual.

A partir disso, Helen passou "a enxergar" um mundo de possibilidades. Ela aprendeu ortografia por meio da soletração que era feita em sua mão e logo aprendeu a "ouvir", colocando os dedos na garganta, nos lábios e no nariz.

Durante sua trajetória, Helen ainda escreveu uma autobiografia à mão, chamada *A história de minha vida*, e foi a primeira aluna cega/surda a se formar em uma universidade. Como se isso já não fosse o bastante, ela lutou para melhorar a condição das pessoas cegas no seu país e no mundo.

Superação parece ser uma palavra constante na história de Helen, que mostrou ao mundo que, com perseverança, não há nenhum obstáculo que não possa ser vencido.

CURIOSIDADES

☆ Helen era proficiente em Braille e em linguagem de sinais na palma da mão.

☆ Movida pelo saber, ela frequentou várias escolas para aprender a falar.

ISABEL ALLENDE

1942

Escritora
da vida

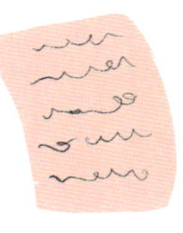

Isabel Allende é uma famosa escritora chilena. Ainda criança, ela teve de lidar com questões como abandono, preconceito e saudade, pois cresceu em um ambiente conservador, foi deixada pelo pai e teve de fugir de seu país devido a um golpe militar.

Com saudades de casa e, principalmente, de seu avô, Allende passou a escrever várias cartas para ele. Porém, depois que ele faleceu, ela transformou-as em seu primeiro romance, *A casa dos espíritos* (1982), que se tornou um sucesso mundial.

Sua trajetória de vida ajudou Allende a escrever obras de diferentes tipos, algo que contribuiu para seu sucesso. Outro diferencial da escritora é que seus romances estão repletos de situações e personagens reais, principalmente mulheres fortes e marcantes.

Suas vivências e sua sensibilidade fizeram com que Allende conquistasse a admiração de muitos leitores. Por isso, atualmente, ela é uma das maiores escritoras da América Latina.

CURIOSIDADES

☆ Grande parte de seus livros foi traduzida para 42 idiomas e adaptada para o teatro, o cinema, a ópera e o balé.

☆ Em 1996, ela criou uma fundação para amparar meninas nas áreas de saúde, educação e direitos humanos, e homenagear sua falecida filha.

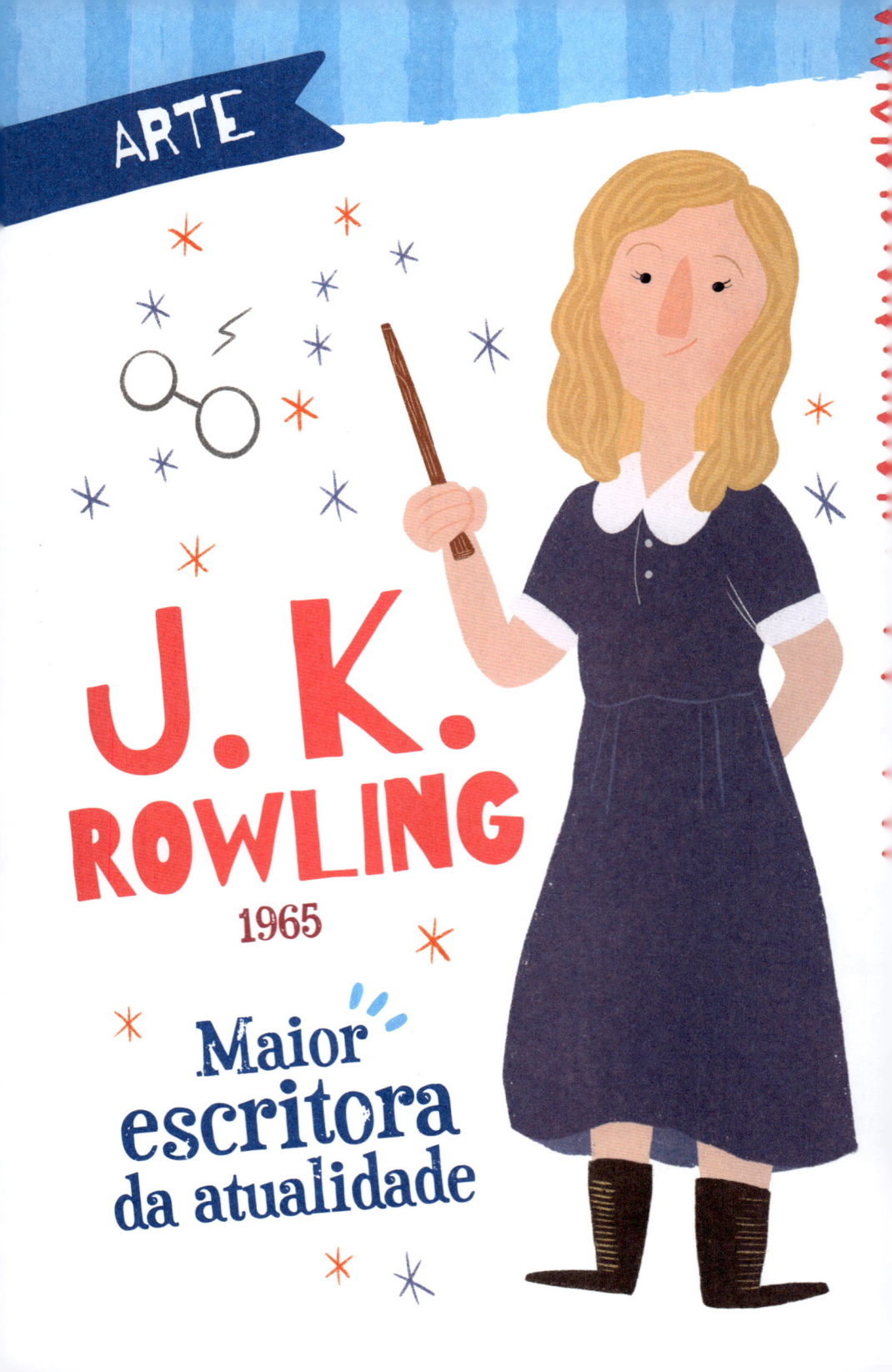

J. K. ROWLING

1965

Maior escritora da atualidade

Joanne Kathleen Rowling é uma escritora britânica conhecida mundialmente pela famosa saga *Harry Potter*. Como cresceu em uma casa repleta de livros, tinha o desejo de ser escritora desde criança. Ela estudou Línguas Clássicas e Literatura Francesa e, em meio à sua trajetória literária, atuou como pesquisadora e professora.

O que ninguém imagina é que Rowling, antes de alcançar o sucesso, teve de vencer muitas barreiras. Além de ter sido vítima de um relacionamento abusivo e ter ficado um bom período sem emprego, ela precisou lidar com a depressão.

O rumo da escritora mudou com a publicação de *Harry Potter e a pedra filosofal*, primeiro livro da saga, em 1997. Depois disso, mais 6 títulos passaram a compor a coleção, alcançando o mesmo sucesso do primeiro, levando Rowling a outro patamar.

Rowling é um exemplo de persistência, pois encontrou, nos momentos mais difíceis, a oportunidade de reconstruir sua vida.

CURIOSIDADES

☆ A escritora começou a escrever *Harry Potter* durante uma viagem de trem entre Manchester e King's Cross.

☆ Ela foi eleita pela Enciclopédia Britânica uma das 300 mulheres que mudaram o mundo.

MARY SHELLEY

1797-1851

Primeira escritora de ficção científica da história

A escritora britânica **Mary Wollstonecraft Shelley** teve uma infância difícil, pois sua mãe morreu dias após seu nascimento. Apesar disso, Mary seguiu em frente, com um profundo desejo de se tornar uma grande escritora. Além de se dedicar à escrita, ela também era entusiasta das produções poéticas de Percy Bysshe Shelley, com quem se casou e teve um filho.

Mary se destacou como a primeira escritora de ficção científica da história, por causa de sua obra-prima *Frankenstein* (1818), também conhecida como *O Prometeu moderno*. Além dessa obra, ela escreveu muitos livros com temática feminista, nos quais questionou o modo como a sociedade funcionava e o papel da mulher nela.

Suas teorias e pensamentos têm muita influência de seus pais, também escritores, cujas ideias eram contrárias à época, embora Mary não tenha conhecido a mãe, pioneira do movimento feminista e inspiração para sua produção literária.

CURIOSIDADES

☆ A obra *Frankenstein* é tão famosa que já foi adaptada para o teatro e o cinema inúmeras vezes.

☆ Mary escreveu *Frankenstein* depois de ter sido desafiada pelo poeta Lord Byron a escrever uma história sobre o princípio da vida.

NINA SIMONE

1933-2003

Poderosa voz da igualdade

Nina Simone foi uma cantora e pianista norte-americana. Desde criança, a música fazia parte de seus dias, pois, aos 3 anos, já tocava piano na igreja. Ela estudou boa parte da vida para se tornar uma grande pianista, mas quis o destino que alcançasse algo maior.

Então, Nina Simone, a grande pianista e cantora de jazz e blues, nasceu. Durante sua trajetória, foi vítima de racismo. Quando conseguiu decolar na carreira, gravou muitas canções sobre desigualdade social. Mesmo sendo uma das artistas mais talentosas de seu tempo, continuou sendo alvo de racismo, e seu ativismo nas questões sociais acabou prejudicando sua carreira.

Nina encontrou no palco uma maneira de se libertar de todas as amarras, pois, além de levar a música para as pessoas, ela também levava sua constante luta pela igualdade.

CURIOSIDADES

☆ Nina Simone foi uma das primeiras mulheres a ingressar na famosa escola de música da Juilliard, em Nova York.

☆ Em 2015, a Netflix lançou um documentário chamado *What Happened, Miss Simone?* que relata toda a trajetória da cantora.

OPRAH WINFREY

1954

Um dos **maiores** nomes da TV

Oprah Winfrey é uma empresária e apresentadora de TV norte-americana. Filha de mãe solteira, teve uma infância bastante difícil, principalmente por ter sofrido abuso sexual e maus tratos.

Em consequência disso, Oprah se tornou uma adolescente perturbada, mas sabia que precisava mudar sua vida. Então, voltou seu foco para os estudos e ingressou na faculdade de Comunicação e Artes Cênicas.

Formada, começou a carreira na televisão. Apresentou o programa de entrevistas *People are Talking* e o *The Oprah Winfrey Show*, que foi ao ar por 25 anos. Porém, sua grande realização veio após uma entrevista concedida por Michael Jackson, o que era quase impossível na época.

Embora sua vida tenha sido marcada por inúmeras dificuldades, Oprah encontrou a força necessária para se reerguer. Sua coragem fez dela um exemplo de superação e uma das mulheres mais influentes da atualidade.

CURIOSIDADES

☆ De acordo com uma edição da revista *Forbes*, de 2019, Oprah é a única negra entre as 70 mulheres mais poderosas do mundo, ocupando a 20ª posição do ranking.

☆ Em 2011, Oprah foi homenageada com o prêmio Jean Hersholt, um óscar honorário entregue a quem se destaca em causas humanitárias.

RACHEL DE QUEIROZ

1910-2003

Escritora
da verdade

Rachel de Queiroz foi uma famosa escritora brasileira. Com apenas 15 anos, formou-se professora e, aos 17, atuou como redatora para um jornal em Fortaleza, sua cidade natal. Porém, projetou-se na vida literária apenas aos 29 anos, quando publicou o romance *O quinze*, obra de cunho social que retrata a luta de um povo contra a miséria e a seca, uma realidade na época.

Em meio à sua trajetória literária, Rachel militou no Partido Comunista e acabou sendo presa por defender ideias esquerdistas. Com isso, ela publicou *O caminho das pedras* (1937), livro em que retrata questões políticas e exalta a participação feminina na vida pública.

Muitos são os trabalhos dessa grande escritora, que, com uma série de livros, crônicas e peças de teatro, ganhou diversos prêmios na área, tornando-se um dos grandes nomes da literatura.

CURIOSIDADES

☆ Rachel foi primeira mulher a entrar para a Academia Brasileira de Letras.

☆ A escritora também foi a primeira mulher a receber o Prêmio Camões, em 1993.

TARSILA DO AMARAL

1886-1973

Ícone da **pintura brasileira**

Tarsila do Amaral nasceu no interior de São Paulo e teve uma educação muito boa, ao lado dos sete irmãos. Ela estudou por muitos anos na Europa, com artistas e mestres conhecidos e valorizados no mundo todo.

Apesar da grande influência europeia, sentia que precisava retratar em suas obras a realidade brasileira. Então, passou a pintar paisagens, subúrbios, povos indígenas e tudo o que remetesse ao seu lugar de origem. Seu quadro mais conhecido é o *Abaporu*, pintado em 1928.

Contrariando o estilo artístico da época, Tarsila gostava de usar cores vibrantes em suas pinturas. Graças à sua originalidade, a artista se tornou um grande ícone da arte moderna brasileira.

CURIOSIDADES

☆ A obra *Abaporu* é o quadro mais valioso da arte brasileira, avaliado em aproximadamente 200 milhões de dólares.

☆ Tarsila ajudou a organizar a Semana de Arte Moderna de 1922, evento muito importante para o desenvolvimento da arte no Brasil.

VIOLA DAVIS

1965

Ativista e talentosa atriz

A atriz norte-americana **Viola Davis** teve uma infância difícil, ao lado dos cinco irmãos, marcada pela pobreza e pelo preconceito. Apesar da dura realidade, Viola sabia desde os 8 anos que queria ser atriz. Foi com essa idade que ela descobriu o amor pelos palcos. Ela conseguiu se formar em teatro e frequentou uma famosa escola de música e artes cênicas em Nova York.

Atualmente, a atriz vem se destacando em diversos filmes de Hollywood e, em suas aparições na mídia, é bastante crítica em relação aos direitos da população negra e ao seu espaço na indústria cinematográfica.

Viola é, com certeza, uma das mais completas atrizes da contemporaneidade, atuando na televisão, no teatro e no cinema. Todo o seu empenho, o seu talento e a sua dedicação foram reconhecidos em diversas premiações nos Estados Unidos e no mundo.

CURIOSIDADES

☆ A atriz é considerada uma das personalidades mais influentes do mundo e, em 2017, ganhou uma estrela na Calçada da Fama, em Hollywood.

☆ Viola foi a primeira mulher negra a receber três indicações ao Oscar, vencendo em 2017.

☆ Ela também é ativista e luta contra a fome, o racismo e o abuso sexual infantil no mundo.

AMELIA EARHART

1897-1937

Pioneira da aviação

Desde criança, **Amelia Mary Earhart** e sua irmã mais nova, Grace, gostavam de subir em árvores, descer ladeiras em um trenó e construir pequenos objetos. Utilizando materiais caseiros, Amelia construiu com seu tio uma rampa semelhante a uma montanha-russa. A ideia não deu muito certo, mas a menina não desistia de uma boa aventura.

Amelia teve uma adolescência conturbada, devido às constantes mudanças de casa e ao alcoolismo enfrentado por seu pai. Nesse cenário, ela ingressou em duas faculdades, mas não concluiu nenhuma. Aos 23 anos, após visitar um campo de pouso na Califórnia e passear de avião, entendeu o que realmente queria fazer.

Quando finalmente se tornou piloto, fez história na aviação, provando sua competência e também a capacidade de fazer coisas que, na maioria das vezes, eram feitas por homens. Além de ser uma das pioneiras da aviação, Amelia Earhart foi uma grande defensora dos direitos das mulheres.

CURIOSIDADES

☆ Amelia Earhart foi a primeira mulher a atravessar o oceano Atlântico em um voo solo.

☆ A piloto foi a 16ª mulher a receber um brevê para voar. Ela desapareceu em 1937, a bordo de seu avião *Electra*, quando tentava dar a volta ao mundo.

JESSICA COX

1983

Uma **piloto** destemida

Jessica Cox é uma piloto de avião norte-americana diferenciada, pois nasceu sem os braços devido a uma patologia. Ainda assim, ela encontrou na família e no esporte uma maneira de superar essa fatalidade.

Quando criança, Jessica começou a praticar *tae kwon do* para canalizar suas conflitantes emoções e se apaixonou tanto pela atividade que conquistou a faixa-preta, o mais alto grau dos alunos no esporte. No início, Jessica teve de usar próteses por indicação dos médicos. Ainda assim, decidiu abandoná-las, pois, para ela, era mais natural fazer tudo com os pés.

Após se formar em Psicologia, descobriu sua paixão pela aviação ao fazer um passeio em um monomotor. Depois de três anos de curso, finalmente conseguiu seu brevê, tornando-se a primeira piloto sem braços licenciada do mundo.

Limitação é algo que Jessica realmente desconhece, pois, como ela mesma disse: "O medo não pode ficar no caminho das oportunidades".

CURIOSIDADES

☆ Ela detém o recorde mundial do *Guinness* por ser a única pessoa do mundo a pilotar um avião com os pés.

☆ Já viajou para mais de 20 países para dar palestras motivacionais, como forma de incentivar as pessoas a superarem os obstáculos.

ADA LOVELACE

1815-1852

Poeta da Matemática

Augusta Ada Byron King, a Condessa de Lovelace, era britânica. Influenciada pela mãe, Ada se interessou, ainda criança, pelo estudo dos números e deu sinais de que se tornaria uma mente brilhante. Contudo, a mãe não esperava que a filha criaria os primeiros códigos de programação, uma série de comandos e instruções para colocar um computador em funcionamento.

Ao trabalhar com o inventor Charles Babbage, idealizador do computador, Ada traduziu e melhorou os estudos do colega. Com isso, ela não apenas ajudou a desenvolver a primeira máquina de cálculo, como criou o primeiro algoritmo de computador. Porém, mesmo com sua genialidade, Ada nunca pôde ingressar em uma faculdade, pois, na época, as mulheres eram proibidas de frequentar universidades.

Em homenagem à programadora, na segunda terça-feira de outubro, comemora-se o Dia de Ada Lovelace, para inspirar as mulheres e também mostrar as conquistas femininas na área de tecnologia.

CURIOSIDADES

☆ A linguagem de programação "Ada" é uma homenagem a Ada Lovelace.

☆ Ao criar o primeiro algoritmo para ser processado em uma máquina, Ada Lovelace ajudou Charles Babbage a aprimorar a máquina diferencial, chegando à máquina analítica, reconhecida como o primeiro modelo de computador.

Hipátia foi uma filósofa e matemática grega. Criada em um ambiente repleto de ideias e pensamentos, tinha uma forte curiosidade sobre o desconhecido. Por isso, assim como seu pai, dedicou sua vida à pesquisa. Ela estudou na Academia de Alexandria e em uma escola neoplatônica de Atenas. Com o tempo, e devido ao domínio das mais diversas áreas do conhecimento, ultrapassou as conquistas de seu pai.

Depois de formada, Hipátia passou a lecionar na Academia de Alexandria e, pouco depois, alcançou o posto de diretora. Ao longo dos anos, escreveu várias obras e ganhou popularidade por resolver questões matemáticas de cientistas que buscavam sua ajuda.

Hipátia trouxe muitas contribuições para a literatura e a ciência, destacando-se entre os filósofos de sua época. Dotada de grande conhecimento, a matemática conquistou o respeito de muitos estudiosos e, até hoje, é alvo de pesquisa e admiração.

CURIOSIDADES

☆ Vítima da intolerância, Hipátia foi assassinada por ter sido acusada de criar um conflito entre duas figuras importantes em Alexandria: o prefeito e o bispo.

☆ Hipátia foi a primeira mulher documentada como sendo matemática.

KATHERINE JOHNSON

1918-2020

$\frac{1}{2}$

Pioneira do espaço

%

(-5)

Katherine Johnson foi uma matemática norte-americana. Já na infância, mostrou grande talento para os números. A jovem prodígio entrou no Ensino Médio com apenas 10 anos e, aos 14, cursou uma universidade. Logo obteve diploma em Francês e Matemática.

A vida de Katherine, porém, não foi nada fácil, pois ela cresceu em um período de segregação racial, em que teve de enfrentar muito preconceito, principalmente quando ingressou no Centro de Pesquisas Langley, pertencente à atual NASA.

Inicialmente, Katherine trabalhou realizando operações matemáticas. Depois, foi designada para ajudar uma equipe de pesquisa de voo. Seu conhecimento em diversas áreas da matemática, especialmente em geometria, fez com que a cientista ganhasse a confiança de toda a sua equipe.

Foi nesse trabalho que Katherine realizou seu maior feito: desenvolveu uma série de cálculos que possibilitou que os astronautas fossem enviados para além da órbita da Terra. Com isso, ela se tornou uma das pessoas mais importantes da história espacial.

CURIOSIDADES

☆ A cientista calculou as trajetórias do voo espacial que levou o homem até a Lua.

☆ Para homenagear Katherine, a NASA mudou o nome de uma de suas unidades, localizada na Virgínia, para "Instalação de Pesquisa Computacional Katherine Johnson".

MARGARET HAMILTON

1936

Pioneira na tecnologia

Margaret Hamilton é uma matemática que se destacou no universo espacial. Formada na área, ela passou a lecionar Matemática e Francês. Aos 23 anos, porém, teve o primeiro contato com projetos de software ao trabalhar no Instituto de Tecnologia de Massachusetts (MIT).

Aos 27, quando participou de mais um projeto do MIT, Margaret desenvolveu um software para uma missão lunar da NASA. Foi durante seu trabalho nesse projeto que a profissão de programador começou a se desenhar.

Mesmo convivendo em um ambiente de trabalho majoritariamente masculino, Margaret nunca se incomodou, pois seu foco estava em fazer história nessa área tão pouco explorada. E foi o que ela fez ao escrever, com seus colegas, o programa de voo que levou o homem até a Lua.

Se pisar na Lua foi um dos maiores acontecimentos da humanidade, ter uma mulher entre os responsáveis por esse feito tornou a conquista ainda maior!

CURIOSIDADES

☆ Ainda na área da tecnologia, Margaret é a CEO da própria empresa, a Hamilton Technologies, fundada em 1986.

☆ Pioneira na área, ela foi creditada como a criadora do termo "Engenharia de Software".

MARIE CURIE

1867-1934

Grande nome da ciência

Marie Curie foi uma cientista polonesa, filha de professores. Como cresceu em um ambiente voltado para o estudo, sempre se interessou pela busca do conhecimento. Vivendo em uma época e em um país no qual a mulher não tinha acesso à educação formal, Marie teve de encontrar outras maneiras de seguir a área acadêmica. Para isso, mudou-se para a França, onde cursou Física e Matemática.

Em meio ao universo científico, Marie, juntamente com seu marido, descobriu dois elementos químicos: o polônio e o rádio. Em seguida, ela criou o radiógrafo, um equipamento de radiografia que foi usado durante a Primeira Guerra Mundial.

Com suas fantásticas descobertas, Marie conseguiu um grande feito: tornou-se a primeira pessoa, e única mulher até o momento, a receber o prêmio Nobel duas vezes, um de Física e o outro de Química.

Conviver em uma sociedade conservadora não intimidou Marie, que, mesmo frente ao preconceito, tornou-se um dos grandes nomes da ciência.

CURIOSIDADES

☆ Vários hospitais e centros levam o nome de Marie, como o "Instituto Curie", que auxilia na formação de novos cientistas todos os anos.

☆ O elemento químico Cúrio (Cm), de número atômico 96, descoberto em 1944, foi batizado assim em homenagem a Marie e a seu marido.

DORINA NOWILL

1919-2010

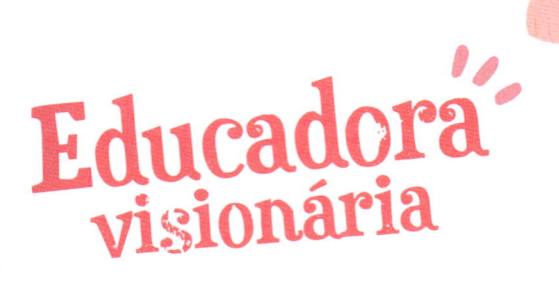

Educadora visionária

Dorina Nowill foi uma pedagoga brasileira, conhecida por seu intenso trabalho voltado à inclusão de pessoas com deficiência visual. Vítima de uma doença que a deixou cega aos 17 anos, dedicou sua vida a ajudar pessoas na mesma condição.

Como na época não havia material adaptado para estudantes com deficiência visual, ela foi a primeira aluna cega a frequentar um curso regular de formação de professores em São Paulo e, para suprir essa necessidade, criou a Fundação Dorina Nowill para Cegos.

A pedagoga sempre lutou pela integração social dos deficientes visuais. Além da educação, sua outra preocupação era a prevenção da cegueira. Dorina encontrou, em seu momento de fragilidade, uma força inimaginável, não só para lidar com sua nova realidade, como também para ajudar aqueles que passavam pela mesma situação.

CURIOSIDADES

☆ Atualmente, a Fundação Dorina Nowill conta com a maior Imprensa Braille da América Latina, além de uma biblioteca para deficientes visuais.

☆ A pedagoga escreveu uma obra intitulada *...E eu venci assim mesmo*, na qual relata toda sua trajetória e luta pela inclusão.

MARIA MONTESSORI

1870-1952

Revolucionária do ensino

Maria Montessori foi uma educadora italiana cujo método de ensino ganhou o mundo. Seu interesse na área surgiu depois que ela terminou a faculdade, contrariando seu pai e a sociedade, ao se tornar a primeira mulher a ingressar em um curso de Medicina em toda a Itália. Vencido esse desafio, ela decidiu estudar Psiquiatria.

A partir desse momento, Maria passou a defender a ideia de que o problema no desenvolvimento de muitas crianças era de origem pedagógica. Buscando um respaldo para suas ideias, cursou Pedagogia, Antropologia e Psicologia.

Após um profundo trabalho com crianças, fundou várias escolas que usavam um método diferente de ensino, que consistia em oferecer um aprendizado intuitivo e integral à criança, com foco na sua vivência, no seu contato com a natureza e nas suas habilidades.

Os estudos de Montessori foram de grande contribuição para a educação infantil, pois ela mostrou o desenvolvimento da criança sob uma nova perspectiva: a humanista!

CURIOSIDADES

☆ Muitas celebridades passaram por escolas de métodos montessorianos, como é o caso dos fundadores do Google, da Amazon e do Facebook.

☆ A educadora escreveu uma série de livros sobre seu método, e sua maior obra foi publicada no Brasil com o título *A descoberta da criança: pedagogia científica*.

CATHY FREEMAN

1973

Atleta do povo

Cathy Freeman é uma atleta australiana de origem humilde e filha de pais aborígenes. Pertencendo a uma porcentagem pequena da população, sua família cresceu em meio ao preconceito. Cathy, porém, resolveu mudar essa história ao ingressar no Jogos da Comunidade Britânica, aos 16 anos, tornando-se a primeira atleta aborígene a conquistar uma medalha de ouro no evento.

Especialista nos 400 metros rasos, ela também foi a primeira atleta aborígene a representar a Austrália nos Jogos Olímpicos de Atlanta, em 1996, e a vencer o Campeonato Mundial de Atletismo de Atenas, em 1997.

Mesmo com uma carreira marcada por vitórias e recordes, Cathy conseguiu muito mais do que medalhas para seu país: ela trouxe visibilidade ao seu povo, que apenas clamava por respeito.

CURIOSIDADES

☆ Ainda é seu o recorde da Oceania nos 400 metros, com a marca de 48 segundos e 63 centésimos, conquistado nos Jogos Olímpicos de 1996.

☆ Em 2000, ela teve a honra de acender a pira olímpica na cerimônia de abertura dos Jogos Olímpicos de Sydney.

DAIANE DOS SANTOS

1983

Ícone da ginástica artística

Daiane dos Santos é uma famosa ginasta brasileira. Diferente da maioria das ginastas, ela ingressou no esporte tardiamente, com 11 anos de idade.

Aos 15, Daiane já começou a brilhar na ginástica artística, ganhando sua primeira medalha de ouro em um torneio na Austrália. No ano seguinte, mais duas medalhas entraram para a coleção: uma de bronze e uma de prata, conquistadas em uma competição no Canadá.

Desde então, acumulou muitas outras premiações. Porém, ela tornou-se de fato um ícone quando, em um torneio mundial, ganhou uma medalha de ouro ao realizar dois movimentos de sua autoria: duplo twist carpado e duplo twist estendido.

Como resultado de muito esforço, Daiane liderou o ranking mundial de solo durante anos. Encerrando uma carreira vitoriosa, ela deixou como legado o incentivo para todos que almejam registrar sua marca na história da ginástica artística.

CURIOSIDADES

☆ O duplo twist carpado foi batizado como "Dos Santos I", e o duplo twist esticado, como "Dos Santos II", ambos em sua homenagem.

☆ Daiane mantém um projeto social em São Paulo, voltado para crianças que têm interesse na ginástica artística.

DANICA PATRICK

1982

Pioneira no **auto-mobilismo**

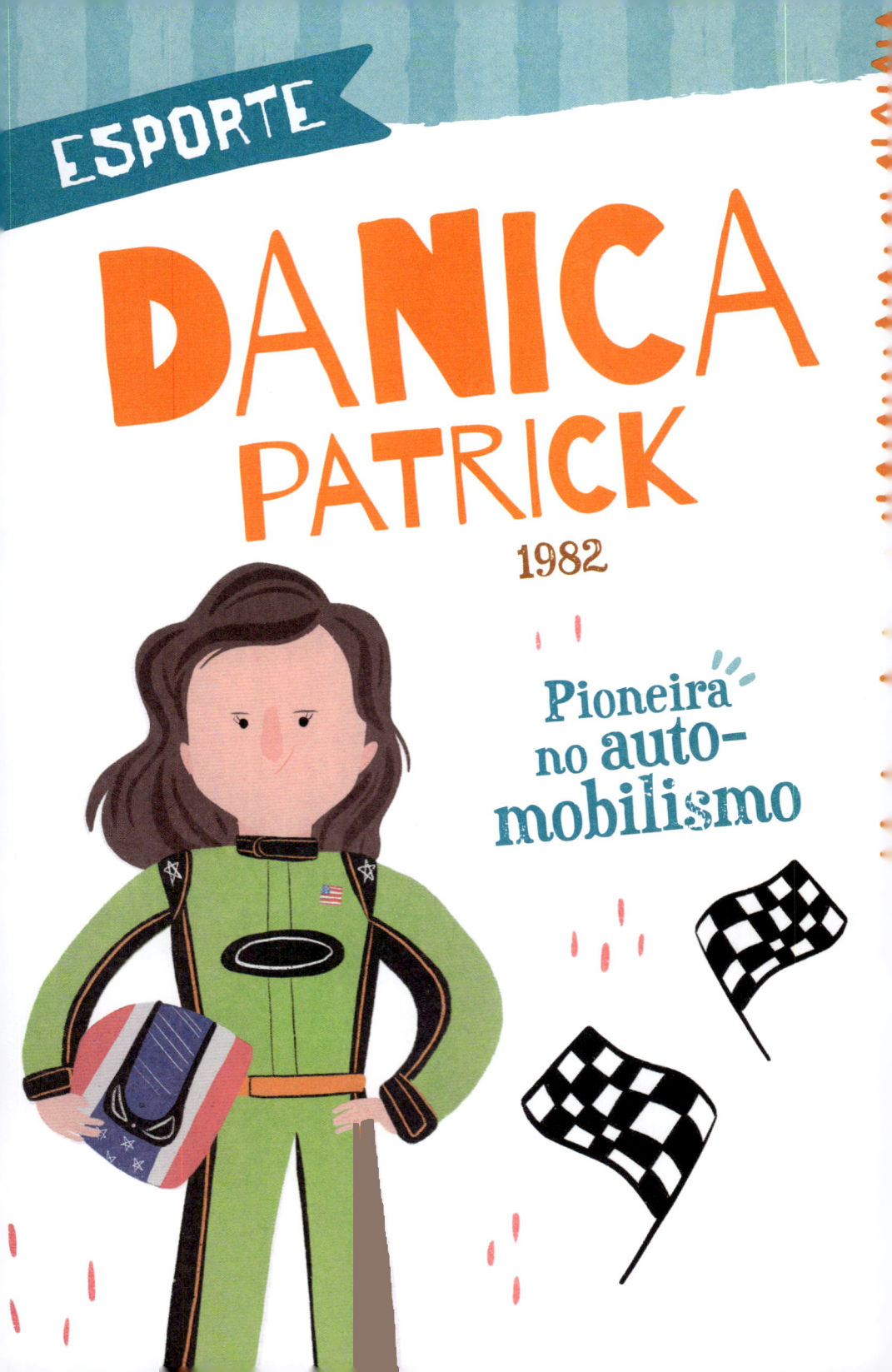

Danica Patrick é uma piloto norte-americana conhecida mundialmente por se destacar no automobilismo. Com pai corredor e mãe mecânica, ela praticamente nasceu no mundo das corridas e, com apenas 10 anos, já sabia qual carreira queria seguir.

Aos 17, quando conquistou o segundo lugar na Fórmula Ford, o destino de Danica seguiu novos caminhos, pois ela chamou a atenção de um piloto, campeão das 500 Milhas de Indianápolis, que a levou para a Nascar.

Depois disso, sua trajetória passou a contar com muitas conquistas. Entre elas, estão os títulos de única mulher a vencer uma corrida da Fórmula Indy e o de primeira mulher a conquistar a *pole position* da Nascar.

Atualmente fora das pistas, a piloto abriu caminho para muitas mulheres ao provar que a presença delas no automobilismo não é só uma possibilidade, mas uma realidade!

CURIOSIDADES

☆ No total, Danica disputou 116 GPs, conquistando 7 pódios, 3 poles e 2 voltas mais rápidas.

☆ Em 2005, ela terminou na quarta posição nas 500 Milhas de Indianápolis, o melhor resultado obtido por uma mulher na história da corrida.

KATHRINE SWITZER

1947

Revolucionária do esporte

Kathrine Switzer é uma famosa maratonista alemã. Filha de um coronel, ela cresceu com um espírito esportivo. Assim, com apenas 12 anos, deu início à sua vida de corredora, dando voltas no quarteirão de casa.

Aos 20 anos, enquanto cursava Jornalismo, Kathrine realizou uma grande façanha: tornou-se a primeira mulher a correr oficialmente uma prova de longa distância. A atleta entrou na maratona, realizada em Boston, com o nome de K.V. Switzer, o que confundiu os organizadores do evento, que pensaram se tratar de um corredor do sexo masculino.

Quando Kathrine foi descoberta, um dos membros da organização tentou tirá-la da competição, mas ela foi até o fim e completou os 42 quilômetros. A partir desse momento, a corrida passou a ser uma carreira para ela.

Como maratonista, Kathrine revolucionou não só o esporte, como a vida de muitas mulheres que, assim como ela, descobriram sua vocação para a corrida.

CURIOSIDADES

☆ Cinquenta anos após a maratona que marcou sua vida, Kathrine correu a mesma competição mais uma vez.

☆ A maratonista fundou uma ONG chamada 261 Fearless (ou 261 Destemida), para promover diversas corridas. O número é o mesmo que ela usou na famosa Maratona de Boston.

Marta Vieira da Silva é uma futebolista alagoana que começou a jogar aos 13 anos. Atualmente, é uma das principais jogadoras da Seleção Brasileira de Futebol Feminino e já ganhou seis prêmios de melhor jogadora do mundo! Além disso, Marta entrou para a história como recordista em número de prêmios até o momento, ultrapassando jogadores do futebol masculino e feminino.

Apesar de tantas conquistas, Marta teve de enfrentar todos os que viam o futebol como um esporte apenas para meninos. Ela driblou o preconceito, insistiu no sonho que sempre a acompanhou e conquistou seu espaço aos poucos, com muita garra e perseverança.

Hoje, aquela menina que ousou jogar com os garotos, contrariando a vontade de muitas pessoas, é, com certeza, a inspiração de muitas mulheres que desejam conquistar seu lugar dentro e fora de campo!

CURIOSIDADES

☆ Marta já fez mais de 100 gols pela Seleção Brasileira, superando a marca de Pelé, um dos maiores nomes do futebol mundial.

☆ Em 2018, a jogadora recebeu da ONU o título de embaixadora dos Direitos das Mulheres e Meninas no Esporte.

☆ Em 2019, Marta tornou-se a maior artilheira da história das Copas do Mundo de Futebol entre homens e mulheres, com 17 gols.

NADIA
COMANECI

1961

Ginasta
nota 10

Nadia Comaneci é o maior nome da ginástica artística. Ingressou no esporte bem cedo, aos 6 anos de idade, e começou a se destacar na área ainda criança. Aos 9 anos, tornou-se a mais jovem ginasta a ganhar o Campeonato Romeno e, aos 10, participou de sua primeira competição internacional.

Mantendo uma trajetória profissional impecável, em 1976, na Copa América, em Nova York, Nadia conseguiu suas primeiras notas 10 na modalidade. No mesmo ano, nos Jogos Olímpicos de Montreal, tirou sete notas 10, as primeiras da história das Olimpíadas.

Mesmo sem competir há anos, Nadia continua uma campeã, pois administra uma academia de ginástica nos Estados Unidos, apoia diversas instituições de caridade e fundou uma clínica, em Bucareste, que atende crianças e idosos carentes.

Com essa trajetória, é notável a razão de Nadia ser um dos grandes nomes do esporte.

CURIOSIDADES

☆ Para se manter no esporte, Nadia precisou fugir para os Estados Unidos devido ao regime comunista em seu país.

☆ Como dificilmente alguém conseguia a pontuação máxima, o placar dos Jogos Olímpicos de 1976 não tinha a nota "10". Então, a nota exibida no placar foi "1.00".

SERENA WILLIAMS

1981

Rainha
das quadras

Serena Williams é uma famosa tenista norte-americana. Ela começou a jogar tênis com 3 anos e, aos 14, passou a competir profissionalmente. Desde então, vem construindo uma carreira repleta de títulos e recordes.

Entre suas principais premiações, estão: número 1 do ranking, por mais de 6 vezes, e recordista do torneio *Grand Slam*, na Era Aberta. Além disso, ela já ganhou 4 medalhas de ouro em olimpíadas.

Serena também não mede esforços fora das quadras. Por isso, criou uma fundação para promover o acesso à educação para crianças vítimas de violência. Suas generosas ações a tornaram embaixadora da Boa Vontade do UNICEF, em 2011.

Talento e força de vontade são algumas características que definem essa tenista, que, além de estar deixando sua marca nas quadras, vem inspirando muitas mulheres a correrem atrás de seus sonhos, dentro e fora do esporte!

CURIOSIDADES

☆ Em 2008, Serena ajudou a angariar fundos para uma escola no Quênia que, atualmente, leva o seu nome.

☆ A tenista possui vários livros sobre sua história de vida, sendo alguns de autoria própria, como o *On the Line*.

ANITA GARIBALDI

1821-1849

Revolucionária do mundo

Ana Maria de Jesus Ribeiro, conhecida como **Anita Garibaldi**, nasceu em Santa Catarina. Ela se casou aos 14 anos, após a morte do pai, mas o relacionamento durou pouco, pois seu marido se alistou no Exército, e ela voltou para a casa da mãe.

Nessa mesma época, Anita conheceu o italiano Giuseppe Garibaldi, um guerrilheiro que, assim como ela, lutava pela revolução. Unida a ele, Anita passou a atuar ativamente em muitos combates, lutando também pela autonomia do Rio Grande do Sul, na Guerra dos Farrapos.

Mais tarde, lutou ao lado dos uruguaios contra a invasão argentina. Em meio às batalhas, Anita se casou com Garibaldi, com quem teve três filhos. Ela morreu aos 27 anos, grávida pela quinta vez, enquanto lutava pela unificação da Itália.

Apesar de ter falecido jovem, a revolucionária se tornou um exemplo de bravura e determinação.

CURIOSIDADES

☆ Anita Garibaldi tem sua história contada em filmes italianos e em um filme brasileiro.

☆ Para escapar de um ataque, Anita teve de fugir carregando o filho, que tinha apenas 12 dias de vida.

☆ Em Roma, Anita foi homenageada com um monumento, no qual é representada armada, montada em um cavalo e com o filho no colo.

CLEÓPATRA

69 a.C.-30 a.C.

Rainha
inteligente e empoderada

A mais famosa rainha do Egito, **Cleópatra VII Thea Filopator**, governou o Egito por 22 anos, após a morte de seu pai. Inteligente, perspicaz e muito simpática, era fluente em cerca de dez idiomas, comunicando-se facilmente com líderes de outras nações. Essas habilidades foram adquiridas desde sua infância, pois Cleópatra foi educada para assumir o trono. Para isso, tinha a biblioteca de Alexandria à sua disposição.

Na adolescência, já havia estudado retórica, a fim de se expressar com precisão e elegância. Todos esses aprendizados ajudaram a rainha em sua busca por restabelecer os costumes do Egito e do Oriente, que haviam sido, pouco a pouco, abandonados.

Há inúmeros mitos e lendas acerca da rainha, mas seu papel como uma das governantes mais inteligentes e empoderadas é, sem dúvida, o maior destaque em sua história.

CURIOSIDADES

☆ Cleópatra foi expulsa do trono por seu irmão mais novo, que temia o governo da rainha.

☆ Para retornar ao trono do Egito, Cleópatra firmou uma aliança com Júlio César, general romano.

☆ A rainha teve um filho com Júlio César.

A voz dos "descamisados"

EVA PERÓN

1919-1952

Eva Perón foi uma famosa política argentina. Mesmo com poucos recursos e pouca instrução, aos 16 anos, decidiu seguir a carreira artística, estrelando filmes e radionovelas. Porém, o destino da atriz parecia ser outro, e foi assim que ela descobriu a política, ao se casar com Juan Domingo Perón, eleito presidente do país em 1946.

Evita, como era carinhosamente chamada por alguns, era dona de grande elegância e carisma, o que conquistou a admiração e o apoio da população. Mas, por ser jovem e de origem humilde, ela foi alvo de rejeição da oposição.

Ainda assim, Eva realizou um intenso trabalho na política. Além de batalhar pela legalização do voto feminino, criou a Fundação Eva Perón, que ajudou a construir hospitais, escolas e lares para pessoas idosas e mães solteiras.

Por sua atuação, Eva se tornou uma mulher lendária. Mesmo tendo sido amada por uns e odiada por outros, é indiscutível seu notável papel na história política da Argentina e do mundo.

CURIOSIDADES

☆ Eva estabeleceu um vínculo tão forte com os trabalhadores que os apelidou de "descamisados".

☆ Em Palermo, Buenos Aires, há um museu dedicado a ela, chamado Museu Evita.

GRETA
THUNBERG

2003

Jovem
ativista
ambiental

Greta Thunberg nasceu na Suécia. Em 2018, a jovem iniciou uma série de protestos contra as mudanças climáticas e o aquecimento global, sendo que o primeiro deles foi faltar às aulas e ficar todos os dias em frente ao Parlamento de seu país, segurando um cartaz com a mensagem "Greve escolar pelo clima".

Após as eleições, o protesto de Greta passou a ser semanal e rapidamente ficou conhecido como *Fridays for Future*, em português, Sextas-feiras pelo Futuro. Nessa época, Greta já era conhecida, e milhares de jovens estudantes haviam se inspirado nela, realizando protestos em países próximos à Suécia. Em maio de 2019, o movimento, que pouco tempo antes era apenas de Greta, conseguiu unir milhares de estudantes do mundo, que manifestaram a favor do clima em 150 países, inclusive no Brasil.

Assim, em um curto espaço de tempo, Greta passou de uma jovem estudante comum a uma pessoa mundialmente conhecida. Suas manifestações a fizeram discursar na sede das Nações Unidas, na abertura da Cúpula do Clima, e no Fórum Econômico Mundial, na Suíça.

Greta Thunberg é a prova de que atitudes individuais podem fazer a diferença e que movimentos solitários também podem ganhar o mundo.

CURIOSIDADES

☆ Em 2019, a revista *Time* elegeu Greta Thunberg a personalidade do ano, a mais jovem a ser indicada individualmente ao prêmio.

☆ Aos 12 anos, Greta foi diagnosticada portadora da Síndrome de Asperger, condição que se enquadra no espectro do autismo.

HELEN CLARK

1950

Exemplo de **política**

Helen Clark é uma política neozelandesa. Formada na área, ela iniciou sua carreira dando aula de estudos políticos na Universidade de Auckland. No mesmo período, assumiu importantes papéis no Partido Trabalhista da Nova Zelândia.

Quando o partido passou a ocupar a maioria dos assentos do parlamento, Clark se tornou primeira-ministra, ganhando o título de segunda mulher a assumir o cargo. Além disso, ela acumulava a função de ministra das Artes, da Cultura e do Patrimônio e era responsável pelo Serviço de Inteligência em Segurança do país.

Durante sua atuação como ministra, a Nova Zelândia teve um crescimento econômico considerável, pois Clark, além de diminuir os índices de desemprego no país, investiu profundamente em serviços públicos nas áreas de educação e saúde.

Mesmo fora da política, a atuação de Clark segue sendo um exemplo para todos aqueles que acreditam em uma política mais justa e transparente.

CURIOSIDADES

☆ Ela criou a The Helen Clark Foundation, com o objetivo de contribuir para uma sociedade mais justa, pacífica e sustentável.
☆ Helen trabalhou durante nove anos como primeira-ministra, fazendo três mandatos consecutivos (1999-2008).

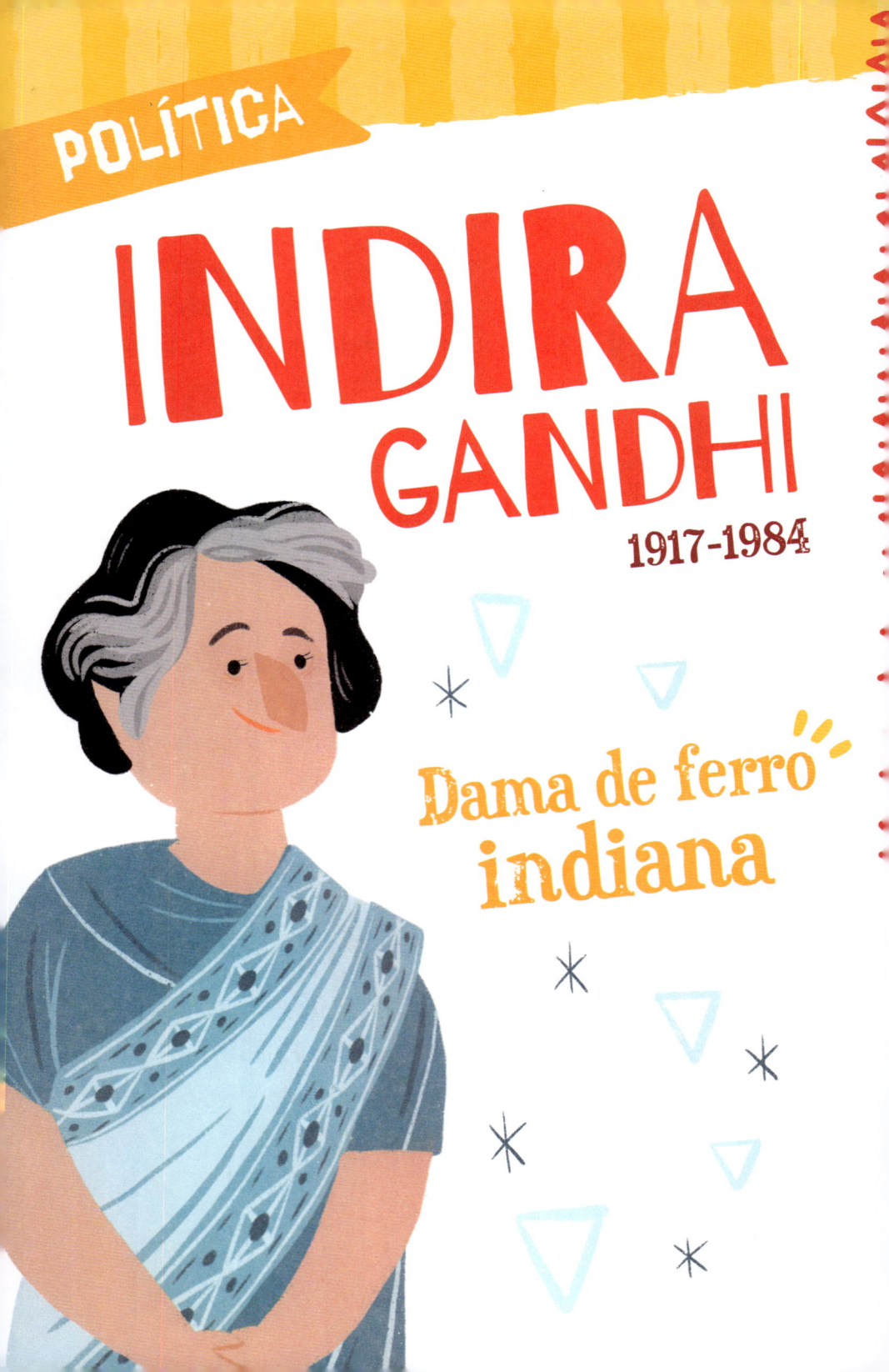

INDIRA GANDHI

1917-1984

Dama de ferro
indiana

Indira Gandhi foi uma política indiana. Como sempre esteve cercada por ideais políticos, já que seu pai atuava na área, ela herdou a vocação e o desejo de servir seu país.

Após frequentar colégios na Índia, Suíça e Inglaterra, onde estudou Administração Pública, História e Antropologia, Indira passou a atuar como "braço direito" de seu pai, que era primeiro-ministro da Índia. Porém, após a morte dele, ela foi eleita para o mesmo cargo, tornando-se a primeira mulher a assumir um posto de chefe de governo no país.

Em sua atuação, Indira tomou uma série de medidas que resultaram no aumento da produção de alimentos, no crescimento dos setores industriais e na fabricação de bombas atômicas.

Por causa de suas decisões políticas, Indira acabou ganhando inúmeros inimigos, inclusive entre seus próprios aliados. Isso porque poucos conseguiram o que ela fez: governar um país superpopuloso em momentos de tensão e conflito.

CURIOSIDADES

☆ Indira promoveu campanhas para tentar erradicar a corrupção e a miséria, causada pelo rápido e desorganizado crescimento populacional.

☆ Foi eleita primeira-ministra duas vezes: de 1966 a 1977 e, mais tarde, em 1980, até ser assassinada, em 1984.

JOANA D'ARC

1412-1431

Heroína
francesa

Na adolescência, **Joana D'Arc** afirmava ouvir a voz de um anjo, que lhe incumbia de ajudar a libertar a França do domínio da Inglaterra e de trazer ao trono o verdadeiro rei.

Para conseguir esse feito, Joana convenceu todos de suas intenções, sendo nomeada chefe de guerra. Ela ganhou inúmeras batalhas durante uma disputa que ficou conhecida como a Guerra dos Cem Anos. A heroína cumpriu muitas missões e coroou o rei Carlos VII, até ser capturada por soldados ingleses. Joana foi acusada de heresia por um bispo corrupto, que recebera grande quantia para tal ação, e condenada à morte na fogueira pela Inquisição.

Anos depois, após o fim da guerra, um inquérito judicial realizado por ordem do rei concluiu que Joana era inocente. Assim, sua coragem foi reconhecida e as acusações contra ela, dissolvidas.

CURIOSIDADES

☆ Apesar de ter sido acusada de heresia, Joana D'Arc foi absolvida séculos mais tarde, quando sua história foi revisitada.
☆ Em 1909, a heroína foi beatificada pelo papa São Pio X e, em 1920, foi canonizada pelo papa Bento XV.

MALALA YOUSAFZAI

1997

Embaixadora da educação

Malala Yousafzai é uma ativista paquistanesa. Desde pequena, ainda que os costumes fossem diferentes na cultura em que cresceu, Malala foi incentivada por seu pai a estudar. Assim, ela criou gosto pelo conhecimento e pelos estudos e, em certo momento, começou a frequentar a escola de seu pai.

Desafiando a organização extremista Talibã, Malala não só frequentava a escola, como defendia esse direito para todas as mulheres. Com 12 anos, começou a escrever um blog sobre o assunto, para combater a injustiça. Aos 15, quando a organização descobriu sua identidade, Malala sofreu um atentado.

Apesar da violência, ela encontrou outras maneiras de continuar incentivando a educação em seu país, principalmente para as meninas. Desde então, a jovem ficou ainda mais conhecida ao discursar na ONU (organização internacional que reúne países do mundo todo para buscar a paz e o desenvolvimento mundial) e defender a educação como o caminho para a transformação do mundo.

CURIOSIDADES

☆ Em 2013, Malala foi considerada uma das 100 pessoas mais influentes do mundo pela revista *Time*, dos Estados Unidos.

☆ Com apenas 17 anos, ela foi a pessoa mais jovem a receber o Prêmio Nobel da Paz.

☆ O livro *Eu sou Malala*, escrito pela própria ativista, foi proibido nas escolas do Paquistão por causa do seu conteúdo.

MARIA QUITÉRIA

1792-1853

Guerreira da Independência

A primeira mulher a fazer parte do exército brasileiro foi **Maria Quitéria de Jesus.** Ela perdeu a mãe quando tinha 10 anos, tendo de assumir os trabalhos da casa e cuidar de dois irmãos.

Maria Quitéria tinha um espírito independente e se interessava por aprender sobre o universo militar. Ela viveu durante o período de luta pela independência do Brasil e, por isso, queria fazer parte daquela conquista também, embora seu pai não aprovasse.

Com a ajuda da irmã, ela desafiou as leis da época e se apresentou à tropa com o nome de soldado Medeiros. Para se parecer com um homem, cortou os cabelos e passou a usar vestes masculinas. Durante a guerra, a identidade de Quitéria foi descoberta, porém, ela foi mantida em sua posição por apresentar habilidades essenciais de um soldado na busca pela independência do país.

Graças a sua bravura, força e todos os seus feitos, ela passou a ser reconhecida como uma grande heroína brasileira.

CURIOSIDADES

☆ A presença de Maria Quitéria era sempre uma agitação, pois ela usava um uniforme diferente, composto por um saiote.

☆ Em 1823, foi condecorada pelo próprio imperador D. Pedro I com a Imperial Ordem do Cruzeiro, no grau de Cavaleiro.

POLÍTICA

MICHELLE OBAMA

1964

Política
de respeito

Michelle Obama é norte-americana e nasceu em uma família de origem humilde. Formada em Sociologia e Direito, passou a trabalhar como estagiária em um escritório de advocacia, onde conheceu seu marido, Barack Obama.

Sua trajetória profissional acumula diversos cargos. Entre eles, está o de reitora dos serviços estudantis da Universidade de Chicago e o de diretora executiva de negócios externos da mesma universidade.

Casada com Barack desde 1992, a advogada abdicou da carreira para apoiar o marido na campanha para a presidência em 2008. Com a vitória, ela se tornou a única primeira-dama negra da história do país. Nessa posição, Michelle apoiou várias causas, como o combate à obesidade infantil, a promoção dos direitos das mulheres e o combate ao racismo, do qual ela já foi vítima.

Sua força, sua simplicidade e seu carisma conquistaram a admiração da população norte-americana, tornando-a uma forte candidata à presidência, apesar de Michelle afirmar que não tem o desejo de se candidatar.

CURIOSIDADES

☆ Em 2018, Michelle lançou o livro *Minha história*, uma autobiografia com o potencial de se tornar uma das obras mais lidas de todos os tempos.

☆ Ao contrário de muitos políticos, Michelle sempre procurou escrever seus próprios discursos.

OLGA BENÁRIO PRESTES

1908-1942

Militante
da justiça

Olga Benário foi uma militante comunista alemã. Com apenas 15 anos, ela se juntou a uma organização juvenil do Partido Comunista Alemão, visando acabar com a desigualdade e as injustiças sociais.

Considerada traidora da pátria, Olga fugiu para Moscou, onde aprofundou seus conhecimentos sobre marxismo e recebeu treinamento militar. Lá, recebeu a missão de levar Luís Carlos Prestes ao Brasil em segurança. Ele era um importante líder brasileiro, e queria lutar contra o governo e acabar com a extrema pobreza de seu país. Nessa ocasião, os dois aproximaram-se, casaram-se, e Olga assumiu o sobrenome de Prestes.

Lutando ao lado do marido, Olga acabou sendo presa no Brasil e foi deportada. Passando por vários campos de concentração, ela enfrentou frio, fome, interrogatórios constantes e torturas físicas.

O destino de Olga foi selado em 1942. Embora tenham tentado silenciá-la, sua voz continua ecoando, uma vez que sua bravura a tornou uma das principais revolucionárias da história.

CURIOSIDADES

☆ Por ser judia e por sua posição política, Olga foi executada em uma câmara de gás.

☆ Olga foi deportada, mesmo estando grávida de uma criança com pai brasileiro.

PRINCESA DIANA

1961-1997

Monarca do povo

Princesa Diana era inglesa e filha de aristocratas. Desde criança, participava da vida da família real britânica. Desse convívio, resultou sua união com um dos membros da realeza: o príncipe Charles. Assim, a princesa obteve o título de "sua alteza real".

Dona de uma personalidade forte, ela não costumava seguir os protocolos reais e, ao contrário do que se espera da vida de um membro da realeza, a sua foi bastante conturbada, devido ao assédio constante da imprensa e ao seu casamento cheio de conflitos.

Ainda que tivesse de lidar com os próprios problemas, a princesa sempre se preocupou com o próximo. Por isso, além de ajudar diversas instituições de caridade, ela realizou muitas campanhas para banir minas terrestres em áreas de conflito e para tratar o vírus HIV, causador da Aids.

Por seu jeito transgressor ou pela sua bondade, a princesa Diana, conhecida como a princesa do povo, tornou-se uma figura muito importante para os britânicos.

CURIOSIDADES

☆ No processo de divórcio com o príncipe Charles, Diana revelou que teve depressão e que sofria de bulimia, doenças que eram tratadas como verdadeiros tabus.

☆ Mesmo após sua morte, seus trabalhos filantrópicos continuam por meio do Fundo da Princesa de Gales.

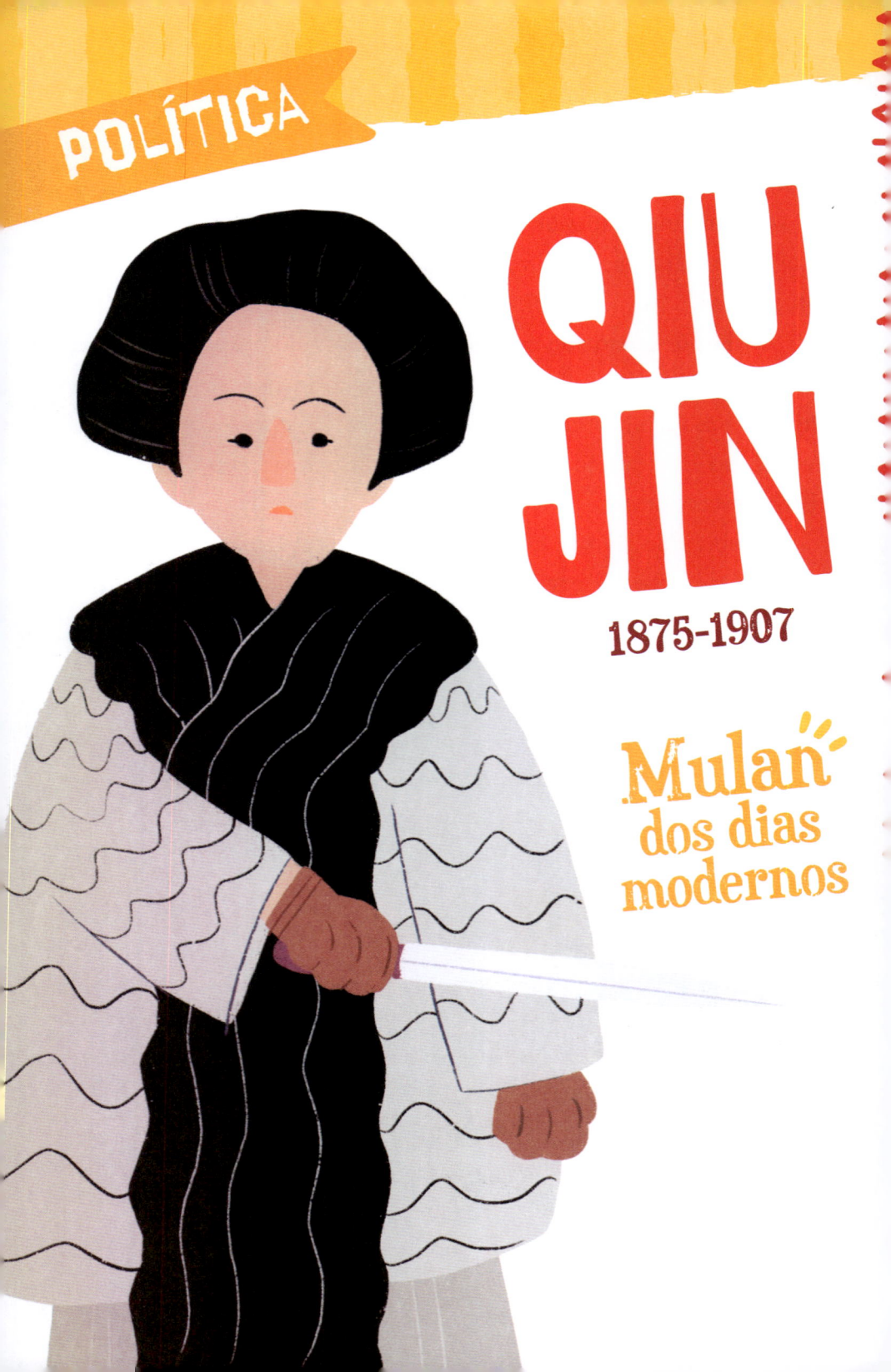

QIU JIN

1875-1907

Mulan dos dias modernos

Qiu Jin foi uma revolucionária chinesa, famosa por sua luta contra a dinastia da China. Assim como a maioria das mulheres em seu país, cresceu em um ambiente bastante tradicional. Aos 21 anos, Qiu foi obrigada a se casar, porém, como era dona de um espírito livre e uma leitora assídua da literatura feminista, decidiu seguir o próprio caminho.

Com isso, Qiu abandonou seu casamento e fugiu para o Japão. Nessa nova fase da vida, ingressou em diversas sociedades secretas, a fim de derrubar o governo chinês, e estudou artes marciais.

Como era uma admiradora de Huan Mulan, uma lendária guerreira chinesa, Qiu passou a se vestir como homem e espalhar, por meio de poesias e ensaios, seus ideais a respeito do verdadeiro papel da mulher na sociedade.

Em sua luta pela igualdade, Qiu desafiou os padrões de uma sociedade completamente patriarcal, tornando-se a primeira feminista da China.

CURIOSIDADES

☆ Assim como muitas outras personalidades, Qiu Jin foi presa e executada pelo crime de escrever dois poemas revolucionários.

☆ Em 2009, foi lançado um documentário chamado *Autumn Gem* que relata a trajetória de Qiu.

RAINHA
ELIZABETH II

1926

Exemplo de
nobreza

Rainha Elizabeth II é uma monarca britânica. De família nobre, teve uma cuidadosa educação. Com 10 anos, tornou-se a primeira na linha sucessória ao trono e, durante o governo de seu pai, passou a representá-lo em diversos compromissos oficiais. Com a morte do rei, em 1952, Elizabeth assumiu o trono, quando tinha 25 anos.

Desde então, a rainha segue corretamente os protocolos reais para representar seu povo com responsabilidade. Além de governar todo o Reino Unido, ela ainda reina sobre os países da Comunidade de Nações que inclui, entre outros, Austrália, Canadá, Jamaica e Nova Zelândia. Em sua atuação, ela se tornou madrinha de mais de 500 entidades filantrópicas.

O segredo para governar durante tantos anos, apenas a rainha pode dizer, mas é fato que ela precisou de muita coragem para abrir mão da sua liberdade em detrimento do seu dever para com o povo. Talvez seja por isso que ela se tornou uma das monarcas mais respeitadas pelo povo britânico.

CURIOSIDADES

☆ A rainha Elizabeth II é a primeira monarca britânica a permanecer tanto tempo no trono. Em 2017, completou 65 anos de reinado, comemorando o Jubileu de Safira.

☆ Durante a Segunda Guerra, Elizabeth serviu o exército britânico como segunda tenente e trabalhou como mecânica.

ROSA LUXEMBURGO

1871-1919

Revolucionária
pacifista

Rosa Luxemburgo foi uma revolucionária polonesa, nascida em uma família de origem judia. Vivendo em uma época em que seu país estava sob domínio da Rússia, ela foi atraída pelo desejo de lutar contra os regimes repressivos.

Aos 19 anos, devido a uma perseguição política, teve de se refugiar na Suíça. Lá, ingressou na universidade onde estudou Direito e Economia Política. Depois, dirigiu-se à Alemanha, seu principal campo de ação.

Rosa fundou vários partidos socialistas, bem como a Liga Espartaquista, grupo que defendia uma política antimilitarista. Para ela, o socialismo, ideologia que defende uma sociedade sem classes, era o caminho para o fim da opressão. Mas, segundo suas crenças, isso só seria possível por meio da revolução do povo.

Movida por um ideal, Rosa sempre lutou pelas causas em que acreditava, ainda que para isso tivesse de dar a própria vida.

CURIOSIDADES

☆ Rosa foi assassinada depois de ter fundado, com outros membros da associação, o Partido Comunista Alemão.

☆ Ela escreveu várias obras sobre a economia capitalista e a participação do proletariado no sistema político.

ROSA PARKS

1913-2005

Defensora do movimento antirracista

Durante toda a sua vida, a norte-americana **Rosa Louise McCauley**, mais conhecida como Rosa Parks, foi uma ativista do movimento pelos direitos civis dos negros. Além de estar totalmente envolvida com os problemas da comunidade, ainda participava de organizações com o marido, Raymond Parks, para ajudar jovens a estudar e aprender uma profissão.

Rosa passou a ser conhecida quando ousou desobedecer a uma lei do estado do Alabama. Pela regra, as primeiras fileiras dos ônibus eram destinadas às pessoas brancas, e apenas os assentos restantes eram para as pessoas negras, e, se o transporte ficasse cheio, os negros deveriam ceder seus lugares aos brancos. Certo dia, ao vivenciar essa situação, Rosa Parks não achou justo ter de se levantar. E não se levantou!

Por sua desobediência, ela foi presa e ameaçada por muitas pessoas. No entanto, não se intimidou. Sua atitude foi simbólica, a ponto de despertar protestos de pessoas negras em todo o país, como Martin Luther King Jr., tendo um papel essencial para pôr um fim à lei da segregação racial.

CURIOSIDADES

☆ Rosa Parks trabalhou com o deputado John Conyers em prol da integração étnica.

☆ Por transgredir a lei, ela perdeu o emprego e não conseguiu trabalho por muito tempo.

☆ Bill Clinton, quando foi eleito presidente dos Estados Unidos, condecorou Rosa com a medalha de ouro do congresso do país.

SAMPAT PAL DEVI

1960

Ativista justiceira

Sampat Pal Devi é uma líder ativista indiana pertencente à casta *dalit*, considerada a mais baixa na Índia. Ela cresceu em um ambiente onde, por ser mulher, não podia falar alto, sentar-se com pessoas de outras castas nem desobedecer ao marido ou aos pais. Porém, inconformada com sua realidade, decidiu enfrentar essa situação.

Desde os 20 anos, Sampat passou a combater a violência contra a mulher e a corrupção. Para isso, fundou um grupo chamado Gangue Rosa, formado por mulheres trajando um sári rosa (roupa feminina tradicional na Índia) e usando um cajado.

Atualmente, Sampat é seguida por mais de 40 mil pessoas, quase todas do sexo feminino, e vem sendo constantemente procurada por muitas mulheres que já não aguentam sofrer violência e discriminação.

Suas medidas nem sempre são as mais pacíficas, pois, quando se trata de lutar pela proteção e pelos direitos das mulheres, a ativista não se importa de usar as próprias mãos.

CURIOSIDADES

☆ A Índia foi eleita pela Fundação Reuters como o quarto pior país para as mulheres viverem.

☆ Alguns homens também se aliaram à Gangue, e discutem temas como casamento infantil, mortes vinculadas a dotes e desvio de verbas em obras do governo.

LINHA DO TEMPO

51 a.C.
Cleópatra assume o trono do Egito.

c. 400 d.C.
Hipátia de Alexandria se torna diretora da Academia de Alexandria.

1429
Joana D'Arc passa a integrar o exército francês, com apenas 17 anos.

1818
Mary Shelley publica *Frankenstein*.

1823
Maria Quitéria é condecorada com a Imperial Ordem do Cruzeiro.

1839
Anita Garibaldi participa de seu primeiro combate, em Imbituba, Santa Catarina.

1842-1843
Ada Lovelace escreve notas que contêm um algoritmo que viria a ser considerado o primeiro programa de computador.

1896
Maria Montessori se forma em Medicina.

1902
Helen Keller publica a autobiografia *A história de minha vida*.

1903
Marie Curie recebe seu primeiro prêmio Nobel.

1903
Qiu Jin deixa a China e vai ao Japão para estudar.

1913
Rosa Luxemburgo publica *A acumulação do Capital*.

1922
Coco Chanel cria o perfume Chanel Nº5.

1926
Agatha Christie publica *O Assassinato de Roger Ackroyd*.

1928
Tarsila do Amaral pinta o *Abaporu*.

1932
Amelia Earhart, em um voo solo, atravessa o Atlântico.

1934
Olga Benário chega ao Brasil.

1939
Frida Kahlo pinta *As duas Fridas*.

1943
Clarice Lispector publica *Perto do coração selvagem*.

1942
Anne Frank ganha seu diário e começa a escrever.

1946
Dorina Nowill cria a Fundação para o Livro do Cego no Brasil (FLCB).

1948
Eva Perón cria sua fundação.

1952
Katherine Johnson começa a trabalhar no Centro de Pesquisas Langley, pertencente à atual NASA.

1952
Rainha Elizabeth II assume o trono do Reino Unido.

1955
Rosa Parks se recusa a ceder o lugar a uma pessoa branca em um ônibus.

1964

Nina Simone lança o álbum *Nina Simone in Concert*.

1966

Indira Gandhi é eleita primeira-ministra da Índia.

1967

Aretha Franklin lança sua versão da música *Respect*.

1967

Kathrine Switzer participa da Maratona de Boston.

1976

Nadia Comaneci consegue as primeiras notas 10 em ginástica artística na história das Olimpíadas.

1980

Sampat Pal Devi reúne um grupo para combater a violência contra a mulher.

1986

Margaret Hamilton funda a empresa Hamilton Technologies.

1987

Princesa Diana aperta as mãos, sem usar luvas, de um paciente portador do vírus HIV.

1993

Rachel de Queiroz recebe o Prêmio Camões.

1996

Isabel Allende cria uma fundação para amparar meninas nas áreas da saúde, educação e direitos humanos.

1997

J. K. Rowling publica *Harry Potter e a pedra filosofal*.

1997

Cathy Freeman vence o Campeonato Mundial de Atletismo de Atenas.

1999

Helen Clark se torna primeira-ministra da Nova Zelândia.

2003

Daiane dos Santos ganha medalha de ouro no Campeonato Mundial de Ginástica Artística.

2005

Danica Patrick termina as 500 Milhas de Indianápolis na quarta posição.

2008

Jessica Cox entra para o *Guinness*, por ser a única pessoa do mundo a pilotar um avião com os pés.

2011

Oprah Winfrey é homenageada com o prêmio Jean Hersholt.

2013

Chimamanda Ngozi Adichie publica *Americanah*.

2014

Emma Watson se torna embaixadora da Boa Vontade da ONU.

2014

Malala Yousafzai recebe o Prêmio Nobel da Paz.

2017

Viola Davis ganha o Oscar de Melhor Atriz Coadjuvante.

2017

Serena Williams se torna recordista do torneio *Grand Slam* na Era Aberta.

2018

Michelle Obama publica a autobiografia *Minha história*.

2019

Greta Thunberg é eleita a personalidade do ano pela revista *Time*.

2019

Marta Vieira da Silva se torna a maior artilheira da história das Copas do Mundo de Futebol.

Este livro foi impresso em fonte Metallophile Sp8 sobre papel offset
120g/m² [miolo] e papel-cartão duplex 235g/m² [capa] na gráfica Grafilar.